POEMARIO
“GRANDES AMORES”

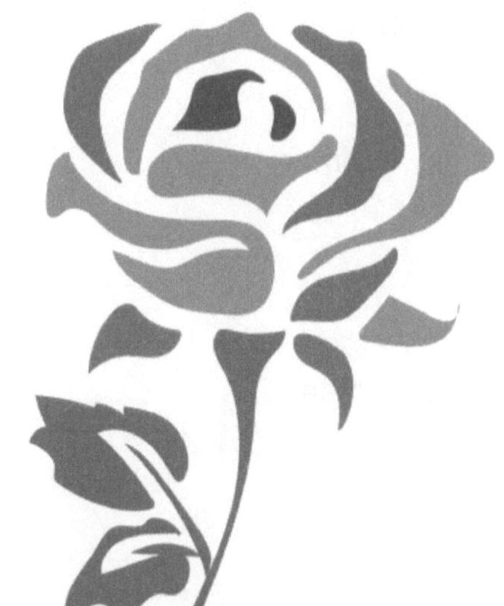

Entre grandes y selectos amores,
Están padres, novias, hijos, amigos,
Esposas y amantes; todos testigos
¡De sublimes instantes, de primores!

Atilio Rojas

ISBN: 9798630344786

POEMARIO "GRANDES AMORES"

ÍNDICE DEL POEMARIO

POEMARIO
GRANDES AMORES

(SINOPSIS)

El poemario "Grandes Amores", es una exaltación poética a esas grandes pasiones de la vida, como es el amor a los padres, amigos, novias, hijos y amantes; todo un canto al amor, a la belleza, a la familia. Una sátira a la política, con su diáspora; a la justicia, con su desacato, a la tecnología de hoy, con su cotidianidad y un canto a nuestra América y al terruño. Los poemas, sonetos, tercetos, cuartetos, quintetos, romances y coplas en la obra, expresan cadencia y armonía, enmarcados en el rigor de la poesía tradicional, en rima y métrica, florilegiados sus versos en sublimes expresiones de pasión, añoranzas y melancolía, que les deleitará, como lo expresa el poema que intitula el Poemario "Grandes Amores"...

RECONOCIMIENTO

A mis familiares y amigos que me motivan a seguir escribiendo versos, en medio de esta calamidad en que estamos sumidos. Especial mención para mis hijos Dennis, Desirée, Adriana y Christian por la diagramación y lectura del poemario; a mi esposa María del Rosario, por su paciencia, y a mis amigos Pepe Delgado Rivero, Manuel González Aular, a mi hermano Víctor Manuel y a mi yerno Maximiliano Prieto por la lectura de la obra; así mismo, vayan estas consideraciones para a mis nietos lindos Natasha y Neil, y los yernos Néstor y María Gabriela *Magga*.

El prologuista del Poemario "Grandes Amores", es el Dr. Oscar Bastidas Delgado, profesor ODB emérito de la UCV, Consultor organizacional, compañero de labores en la Superintendencia de Bancos y de estudios en la UCV, hace más de cuatro (4) décadas, sobre todo excelente persona y mejor amigo. Este insigne catedrático, es consultor de la Unesco para la Universidad Afro- Americana de África Central en Guinea Ecuatorial, fundando la cátedra de administración, que es su especialidad.

POEMARIO GRANDES AMORES
PROLOGO

Agradezco la gentileza de Atilio, viejo amigo y compañero de estudios ucevistas y de actividades laborales, al honrarme con prologar su nuevo *Poemario "Grandes Amores"*, exaltación poética como él afirma, escrito en momentos de inspiración, con la espontaneidad y sinceridad de expresar lo sentido en momentos precisos, en su condición de poeta Atilio afirma que *"El orden que presenta el poema, Grandes Amores, no es casuístico; viene dado como se nos manifiestan estos sentimientos en nuestra existencia"*.

Que agradable sorpresa me da el poeta, al haberme escogido para prologar su segundo Poemario, que ha denominado: "Grandes Amores". Posiblemente, recuerda que en algún momento de nuestra juventud, le hablé de mis entonces escrituras poéticas, hoy unas guardadas y otras desaparecidas, tal vez por el afecto que me tiene o ambas razones a la vez. Lo cierto es que con gusto y aprecio por su gesto, recibí su *Poemario* y leí con entusiasmo, intentando ubicarme imaginariamente en el espacio y el tiempo de cada escrito. ¡Lo disfruté totalmente!, sí. Disfruté desde el *Introito* hasta las coplas, 52 composiciones en total, cada una me impactó de manera diferente.

Como buen hablante, Atilio habla cuando escribe sus versos, nos ubica inicialmente en su obra con una visión holística; así, cada lector no solo conoce de antemano lo que leerá sino las condiciones literarias de sus escritos. No en vano agrega el poema *Gramatical* relacionado con elementos claves de nuestro precioso castellano y aclara aspectos gramaticales del tejido de sus tercetos y otras expresiones del *Poemario*.

Con esta obra *Grandes Amores, el poeta* arropa temas de sus inquietudes vivenciales. Abarca desde expresiones sensibles de su existencia relacionadas con tortura y despedida de amor, considerando también lo placentero del amor; la cama como espacio en los que el amor se exalta; la incidencia de las nuevas tecnologías en la comunicación en lo amoroso, pasando por los poemas en sonetos de los días y los meses, como lapsos a no desperdiciar en la vida, la triste realidad que embarga su pueblo, Venezuela, del cual miles de ciudadanos han debido salir buscando mejores y transitorios derroteros (Diáspora), hasta llegar a sus versos a la Virgen de las Aguasantas, patrona de Araya, terruño que vio nacer al Poeta, Atilio de los Santos Rojas.

Los tercetos hablan de elementos cotidianos: el agua, el deporte y el despertar; recuerdan la Península de Araya y uno muy apropiado a todos los tiempos pero particularmente a aquellos representantes gubernamentales para quienes siempre son otros los culpables del desastre causado por ellos. El Mar y La Comunión, como cuartetos me transportaron a mi niñez por ser fáciles de memorizar, me hicieron recordar mis "poemas" a mis supuestas noviecitas, también los viajes a la playa y la compra del vestuario, el catecismo y el rosario de mi primera comunión. Agradables ambos encadenados.

Consecuente con los términos Atilio nos presenta cinco quintetos o quintillas, todas en correspondencia con la actualidad. *El Apagón* y *La Marcha* nos transportan a la triste realidad de la Venezuela actual, ambos se enlazan: *El Apagón* transporta al lector a la Venezuela en la que sus gobernantes dilapidaron el ingreso petrolero sin pensar en las necesidades básica de la población siendo *La Marcha* la forma más expedita de protesta. *Las Redes Sociales,* por su parte, son perfiladas por Atilio como elementos indispensables de las relaciones sociales.

Como antesala final Atilio nos pasea por sus veinte sonetos expresando, tal como señala: *"apologías a relaciones de amor, belleza, añoranzas, las despedidas, la historia, el universo, recuerdos al terruño, a los padres y a la familia; así como expresiones entre hombre y mujer, la política de actualidad, como diáspora de nuestros hijos, y lo cotidiano en nuestros pueblos"*. Todo un universo demostrativo de las intrincadas relaciones familiares, amorosas y amistosas de la cotidianidad, expresado en palabras llanas, directas y muy nuestras del aprecio de Atilio por los suyos.

En los versos escritos en el género Romance, es imposible no mencionar su *América*, un muy completo paseo geográfico – cultural por cada país de nuestro hermoso pero complejo continente. En su expresión denota Atilio su deseo unión de los tres sub – continentes en armonía con las islas que los circundan, destacando en ellos elementos de su historia, sus bellezas naturales y valores como la preciada Libertad.

Finalmente encontramos sus coplas, ese género literario tan popular en nuestro país. Con ellas comprendemos el *Desamor*; damos un completo paseo por *La Región Oriental*, sus estados, paisajes, cultura y su gente. Acá Atilio retoma el modernismo y escribe sobre *El Celular*, con esta composición serían tres las presentes en el *Poemario* sobre útiles herramientas del modernismo comunicacional. Posiblemente Atilio sea uno de los pioneros, en inspirarse sobre ellas.

Afirmamos *ut supra* las condiciones de buen hablante de Atilio, en lo que expresa el contenido de sus versos. Agregaremos su interés por ubicar desde la perspectiva de alguien que desea que sus lectores, conozcan los tejidos lingüísticos de un buen castellano y, allende de leer sus composiciones, profundicen en ellas desde una doble perspectiva: la de leer sus poemas, tercetos, cuartetos y otras formas expresivas utilizadas por Atilio y la de profundizar en nuestro idioma.

Ratifico a Atilio mi agradecimiento, por incluirme entre los primeros lectores de este *Poemario* y permitirme tener presencia en esta obra poética, que disfrutaran sus lectores

Prof. **Oscar Bastidas Delgado.**
Djibloho, Guinea Ecuatorial,
14 de marzo de 2020.

POEMARIO GRANDES AMORES

INTRODUCCIÓN

Aquí va en versos la introducción al Poemario "Grandes Amores", poema que he denominado "Introito"; el cual es la pieza donde se va describiendo la estructura poética de la obra, como se aprecia en sus florilegiados versos, que les presento en este nuevo poemario, que espero puedan disfrutar de sus composiciones, dirigidas como siempre al amor, que es canto eterno de la civilización; a las otras grandes pasiones de la vida, como la inspiración, despecho, amistad, ausencia, añoranzas y el terruño; donde cultivamos buena parte del sentir; así como los evento más sorprendente de los últimos años en la política, como es la Diáspora de nuestra gente, divagando por el mundo, y una cosa que llamaron desacato, desconociendo la voluntad popular; lo cual se expresa en el sentir e inspiración de los versos en el poemario:

1. Introito.

Es florilegiada la introducción,
De este poemario "Grandes Amores";
Que presentamos a nuestros lectores,
¡En versos, de sublime inspiración!

Allí se expresan las grandes pasiones,
Que forman la vida de cualquier ser,
Desde las primeras atracciones del querer,
Hasta las más colmadas de emociones.

El éxodo que emprende la juventud,
¡Es la circunstancia más humillante!,
Es esa diáspora trepidante,
¡Que ha asombrado al mundo, por su magnitud!

Caos y cuentos es la letanía,
De un ritornelo con su desacato;
¡Vuelta a la patria hermano es el mandato!,
Para contener tanta felonía.

La obra está inspirada en los primores,
De la poesía y los sentimientos,
Que van buscando su acoplamiento,
¡En el verso de los "Grandes Amores"!

La obra se inicia con trece poemas;
A los cuales siguen cinco tercetos,
Dos bellos versos que son los cuartetos,
Que dan forma a la base de los temas.

El temario configura su esencia,
Veinte es la formación de los sonetos;
A los cuales siguen cinco quintetos,
En los versos que riman con cadencia

Siguen, cinco versiones del romance,
Y tres buenas versiones de las coplas,
Por esos fuertes vientos que ahora soplan;
¡Creo qué ahora, todo está a nuestro alcance!

Cuanto expresa esa colaboración,
De los amigos y cooperadores,
Con sus aportes enriquecedores,
Que hacen resaltar la publicación

Gracias amigos, por esos honores,
Para que la obra fuera publicada
Y sus versos cayeran en cascada,
¡Sobre el poemario "Grandes Amores"!

Poema: Introito (Introducción al Poemario)
Autor: Atilio Rojas
Caracas, 29 de noviembre de 2019.

I. POEMAS:

La composición literaria de un poema, posee variada cantidad de versos que son expresión de la belleza, por medio de la palabra, en especial la que está sujeta a medida y cadencia de sus versos. El Poemario Grandes Amores, se inicia con doce (12) poemas; los cuales exponemos a continuación; entre ellos destaca el Introito, que es la introducción del poemario expresada en versos:

INTROITO: Expresión del contenido del Poemario en versos. De esta manera, hacemos la visualización del contenido del poemario Grandes Amores, en versos explícitos, que es un poema, que hace la introducción del poemario.

GRANDES AMORES: Composición poética realizada en Caracas, a finales del año 2018; poema que intitula el poemario. GRANDES AMORES, que sintetizan la grandeza de estos sentimientos, que se expresan en los versos de este poema, que toca las fibras más sensibles de nuestro ser. El orden que presenta la composición, no es casuístico, viene dado como se nos manifiestan estos sentimientos en nuestra existencia.

LA DIÁSPORA: la peor desgracia y humillación que se le haya hecho a un pueblo, sin guerra y con abundancia de recursos naturales, que generó muchos ingresos, sin que el pueblo recibiera contraprestación. La guerra la inventaron y en lo económico desaparecieron todo. La pregunta es, a donde fue a parar tanta fortuna y por qué destruyeron la infraestructura y la economía del país. Tienen a un pueblo huyendo por esos caminos de Dios, como si los hubiera atacado una peste o hubiesen visto al mismo diablo.

GRAMATICAL: Este poema recoge una buena descripción de la gramática, como lo expresan sus versos en forma didáctica, al exponer lo que es su contenido.

DESPEDIDA DE AMOR: Es un poema, que como lo expresa su nombre, es la melancolía que se manifiesta al sentirse abandonado.

LOS DÍAS DE LAS SEMANAS: Un poema que es un canto a la cotidianidad, de nuestras vivencias, en cada día de la semana.

LOS MESES DEL AÑO: Este poema expresa la noción de los doce (12) meses del año, que describe el calendario romano.

LA CAMA: Este poema es una parodia, a lo que se manifiesta constantemente en la cama, de todos aquellos seres que viven en parejas. Es expresión silente de la cotidiana relación.

LA PATRONA DE ARAYA: Este poema recoge en versos, esta manifestación a la virgen de las Aguasantas, Patrona del Pueblo de la Península de Araya

TECNOLOGÍA DE AMOR: Este poema es una expresión, de lo que es la tecnología en las relaciones amorosas

NADA ES MEJOR QUE: Es una manifestación de las cosas placenteras del amor, expresadas en este poema.

TORTURA DE AMOR: Este poema expresa los sentimientos y las cosas que se generan al sentirse torturado de amor.

Esta primera parte del Poemario, está compuesta de doce (12) poemas, intitulado Grandes Amores; en la cual presentamos las composiciones poéticas de los versos del poemario, donde en cada uno de ellos, se expresan y manifiestan sentimientos de palpitantes emociones:

2. GRANDES AMORES

Entre grandes y selectos amores,
Están padres, novias, hijos, amigos,
Esposas y amantes; todos testigos
De sublimes instantes, de primores.

LOS PADRES.
El primer y más grande amor, la madre,
La mujer sublime, tierna y abnegada;
La compañera que quedó sembrada,
En ese otro gran amor, que es tu padre.

Esa unión de los padres, es reflejo
De lo tanto que se puede querer,
Toda una expresión de dicha y placer,
¡Lo que ha sido su vida, amados viejos!

LOS AMIGOS.
Entre los grandes amores, los amigos,
Donde el tiempo transcurre sin cesar,
De los secretos que supo guardar
Y de los cuales eres, su testigo.

¡Cómo no recordar esos portentos!,
Con los cuales todo el tiempo era alegría;
¡Dónde quedaron los sueños y algarabías!,
¡De aquellos amigos, del momento!

LAS NOVIAS.
Entre los grandes amores, las novias,
La que de su miel pudiste beber,
Disfrutar sus encantos de mujer,
En el deleite, de esas cosas obvias.

Amor, esas hormonas de juventud,
Que te hacen vivir tan intensamente;
Al salir de ser un adolescente,
¡Quiere vivir a toda plenitud!

LA ESPOSA.
Entre los grandes amores, la esposa,
El gran amor, que fue correspondido;
La que te dio todo lo apetecido
¡Y entre todas, la mujer más hermosa!

¡Halo de tu vida! y ¡de tu existir!,
Compañera y amiga, el amor sublime;
La que el placer y ternura redime,
¡Lindas cosas, qué debes bendecir!

LOS HIJOS.
Entre los grandes amores, los hijos,
La más grande alegría que da la vida;
Tus sueños en realidad convertida,
¡Tal como nuestro creador, lo predijo!

Esos hermosos seres, son tu reflejo,

La prolongación de tu larga vida;
Que irán contigo aun en la despedida,
¡A los cuales les dejas tus consejos!

LA AMANTE.
Entre los grandes amores, la amante,
El amor intenso y soterrado;
Dentro del cual te quedaste atrapado
Y aun con gran temor, llevas adelante.

Ese amor subrepticio, que tú escondes,
El placer y deseo lacerante,
¡Qué te turba y emociona cada instante!;
¡Es la respuesta, qué al amor, responde!

Grandes amores en ese transitar,
De las bellas etapas de la vida
Y que aparecen sin ser promovidas,
¡Parte de la evolución o el azar!

Vienen a tu memoria, tantos cuentos,
De lo que fueron para ti esos seres,
Que representan lo que son los quereres,
¡Al evocar, tan excelsos momentos!

Poema: Grandes Amores
Autor: Atilio Rojas.
Caracas, 14 de febrero de 2019

3. LA DIÁSPORA

Hay que ver las vueltas que da la vida,
Ayer recibíamos al inmigrante;
La diversidad de hispanos parlantes,
¡Que huían de atroces guerras fratricidas!

Hoy somos **la diáspora** local,
Que le ha tocado migrar por el mundo,
Buscando abrigo ante el dolor profundo,
¡De tener que marchar de su país natal!

Se van huyendo a países ignotos,
Una juventud que está bien preparada;
¡Es cruel la desolación enmascarada!,
¡Parten, pero con el corazón roto!

¿Qué los lleva salir en estampida?,
Esta crisis que se ha vuelto un infierno;
Por las políticas de este gobierno,
Que genera conmoción hasta en la huida.

¡La diáspora es la huida del horror!,
Es el eco de cosas por decir;
Es abandonar, aun sin combatir,
¡Esas estrategias del opresor!

Las cifras que refleja el disparate,

De tantos muertos, presos y escapados,
Tiene a medio mundo conmocionado,
¡Al no verle sentido a este dislate!

¿Cuántos jóvenes idos y caídos?
¡Solo por expresarse, es lo qué aterra!;
Si son sus derechos, no es una guerra,
¿Por qué son brutalmente reprimidos?

Desaparecieron tantos recursos,
Del tesoro y los bienes nacionales;
Parte de las acciones criminales,
¡Qué estimuló *la diáspora* en curso!

Hablan del capitalismo imponente,
Les gusta el capital de la Nación
Y someten por hambre y represión,
¡Al qué no esté, en su apartheid insolente!

Los millones de jóvenes dispersos,
Por esos países que tienden la mano;
Gracias amigos y gracias hermanos,
¡Va nuestra gratitud, en estos versos!

¡Bochornoso espectáculo ver huir!,
Del país de los grandes libertadores,
A su juventud ante los temores
Y las necesidades de vivir.

La diáspora es tan generalizada,
Que afecta a cada grupo familiar;
¡Dónde nadie ha podido escapar!,
¡De ver sus familias desintegradas!

¡Volvemos a esos tiempos superados!,
De las dictaduras y montoneras;
Trampas y corrupción es la manera,
¡De aferrarse al poder, tras los soldados!

En otra época llevamos libertad
Y nuestros próceres dejaron huella;
¡Hoy estamos atrapados en querellas!,
¡Ahora!, ¡requerimos solidaridad!

Poema: La Diáspora
Autor: Atilio Rojas.
Caracas, 13 de abril de 2019

4. GRAMATICAL

El castellano se expandió a sus anchas,
El tercer idioma de más hablantes,
Que sirvió de inspiración a Cervantes ([1]),
En su texto el Quijote de la Mancha.

Las Categorías Gramaticales,
En palabras del idioma español,
Hacen de nuestro lenguaje un crisol,
De expresiones didácticas formales.

Antigua categoría lingüística,
La cual ([2]) de Nebrija trajo al idioma;
Es morfosintáctica lo que asoma,
En los valores de expresión artística.

La clasificación tradicional,
Es semántica; no así la moderna,
Su clase morfológica alterna,
En palabras de corte original.

En la oración la función u objetivo
Lo indica el sustantivo, conjunción,
Determinantes, verbo, interjección,
Adverbio, preposición o adjetivo.

Expresemos mejor su contenido,
Y rememorando a Don Andrés Bello ([3]),

Versamos a cada uno con su sello
Y su definición tendrá sentido:

Los Determinantes,
Artículos que acompañan al nombre
Y que delimitan su contenido,
Como: Mi, el, la, aquellos, los referidos;
¡Qué género y número, no lo asombre!

A ellos se les dice determinantes,
Por ser posesivos y demostrativos,
Interrogativos o exclamativos,
Numeral e indefinido...abreviante.

Los Sustantivos,
Designan las cosas con existencia,
Seres animados o inanimados,
Ideas o algo identificado,
Producto natural o de la ciencia.

Los sustantivos en las oraciones,
Como: Juan, carro u otro a identificar;
Cuyos nombres vayamos a expresar,
En cualesquiera de sus ocasiones.

Los Pronombres,
Los pronombres, vienen a sustituir
Al sustantivo en esas oraciones;
Ellos cumplen sus mismas funciones,
En la sintaxis del nombre a suplir.

Los pronombres, son en la oración,
Las cosas u objetos a mencionar,
Como: aquel, yo, tu u otros a remplazar
Del cuerpo, de tan sublime expresión.

Los Adjetivos,
Son los que acompañan al sustantivo,
Concretando algunas cualidades,
Circunstancia, accidentes o bondades,
Son las funciones de los adjetivos.

Los adjetivos, son en la oración,
Las cosas u objetos a destacar,
Como: linda, fea u otros a mencionar,
Que tenga algún tipo de relación

Los Verbos,
Son los que expresan acciones o estados,
En los procesos de tiempo concreto;
Al tener en la oración su gran reto
Y donde el verbo expresa, lo accionado.

El verbo, es lo vivo de la oración,
Es manifestación de su accionar,
Como: amar, comer, vivir o jugar,
En cualquier momento, instante u ocasión.

Los Adverbios,
Ellos son los que acompañan al verbo,
Y caracteriza lo que es su aspecto;
Al resaltar virtudes o defectos,
¡Los cuáles al expresar, exacerbo!

Los adverbios, son en la oración
Los que permiten al verbo expresar,
Como: mucho, rápido u otra a citar,
De palabras que tengan relación.

Las Preposiciones,
Las Preposiciones, sean de lugar,
Destino, dirección u otro elemento;
Son palabras que unen al complemento,
Para que la oración se pueda armar.

Las preposiciones en la oración,
Son palabras que ayudan a integrar,
Como: con, a, hasta u otras a unificar,
Que tengan alguna coordinación.

Las Conjunciones,

Las conjunciones logran conjugar,
Palabras u oraciones coordinantes
O unir oraciones subordinantes;
Las cuales se pueden relacionar.

Las conjunciones en su formación,
Son palabras que ayudan a integrar,
Como: pero, salvo u otras a citar,
En los elementos de la oración.

Las Interjecciones,
Las palabras que son interjecciones,
Son manifestación de sentimiento,
Impresión, reacción u otros eventos
Verbal o social en las oraciones.

Las interjecciones, son expresiones,
De cosas que te puedan motivar,
Como: ¡oh!, ¡bravo!, ¡hola!, u otras a mencionar,
En el contexto de sus emociones.

Estas categorías gramaticales,
Florilegiadas por la poesía;
Es para la gramática armonía,
En sus eventos y en sus recitales.

La gramática y su morfología,

Es paradigma en la interrelación;
Es lenguaje en la comunicación,
Lo que da estructura a su antología.

Poema: Gramatical...
Autor: Atilio Rojas
Caracas, 03 de marzo de 2019

5. DESPEDIDA AMOR

Amor, ya estas descubierta,
Solo paso a despedir,
Al ser que se quiere ir,
¡Qué decisión, tan incierta!

Si no hay nada que decir,
¿Por qué la puerta está abierta?
Y está la casa desierta;
¡Ya no tienes que fingir!

Yo, no comprendo tu ida,
Ni lo que han sido tus quejas;
¿Por qué trémula te alejas?,
¡Dejándome estas heridas!

Hoy, se me va la pareja,
Al anunciar su partida;
Tú la mujer consentida,
¡Cuánta tristeza me dejas!

Ese amor, siempre fue esquivo,
Al volcán de mis pasiones;
Turbando mis ilusiones,
Pero me tenía cautivo.

¡Yo no entiendo tus razones!,
Ni comprendo tus motivos;
Yo quiero sentirme vivo
Y colmar mis emociones.

Este amor se va alejando,
Disipando su candor;
Si ya quedó sin calor,
¿Por qué yo me estoy quemando?

Viajo en el tiempo primor,
Para seguirte soñando;
Del amor que va escapando,
¡Qué me deja este dolor!

Aprovecho la ocasión,
Que se diluye mi ser;
¡Para pensar qué he de hacer!,
Con toda esta turbación.

Amor te quise tener,
Pletórica de emoción;
Exaltando esta pasión,
¡Que me produces mujer!

Este es un amor fingido,
Que ya ni señal asoma;
¿Por qué le pusiste aroma?,
¡Si lo sabías, tan perdido!

Quedarse en el punto y coma,
Sin apreciar lo acaecido;
Es creer que no te has ido,
¡Porque es tan solo, una broma!

Poema: Despedida de amor
Autor: Atilio Rojas
Caracas, 17 de abril de 2019

6. LOS DÍAS DE LA SEMANA

LUNES:

Primer día de la semana
Es lunes de laborar;
Timbra el reloj al sonar,
Bien temprano en la mañana...

El sol empieza a brillar,
En la distancia lejana;
Con esa fuerza que emana,
Empezamos a trabajar...

Te esfuerzas con tal fragor,
Con Grandeza y donosura,
Que no te turba el calor;

Ni te perturba la altura,
Al poner tanto valor,
¡En esta brega tan dura!

MARTES:

Arrancamos otro día
Es martes para empezar;
Todo listo a trabajar,
Con tesón y valentía.

La tarea es aún mayor,

Como tú lo presentías,
Pero como te decía,
Ponte bien lejos del sol.

¡Qué de fuerte es la faena!,
Nos queda tan solo un paso
Para terminar la escena;

Que concluye en el ocaso
Y como cosa tan buena,
¡Volveré a estar en tus brazos!

MIÉRCOLES:
Es el día atravesado,
Miércoles, equidistante;
Que te impulsa hacia adelante,
Para que estés acoplado

La faena es vacilante,
El esfuerzo es demasiado,
Que nos tiene tan cansados...
¡Pero el ego es arrogante!

La tarea termina ahorita
Y le pones todo esmero,
Como esa cosa expedita;

En este día tan señero,

Que, en forma tan exquisita,
¡Te envuelve a ti compañero!...

JUEVES:
Sigue la semana andando,
Llega el jueves de pasión;
Que te turba el corazón,
Y te tiene aun soñando

Al ritmo de una canción,
En la distancia escuchando;
Ahora estamos cantando,
La melodía de ese son.

¡Qué semana van a tener!,
Los trabajadores formales,
Que en sus luchas van a ver;

Las jornadas semanales,
Que los lleva a converger,
¡En estos días especiales!...

VIERNES:
Llega el viernes amigo mío
Y se prepara la escena;
Un brindis y una cena,
¡Está entre lo qué ansío!

Al concluir la faena,

Vamos a cualquier bohío
Y allí estaremos en frío,
Brindando, cual noche buena.

Vamos todos los amigos,
A libar con entereza,
Picando panes de trigo;

Hasta que nada quede en meza
Y mejor brinda conmigo,
¡Hasta qué haya cervezas!

SÁBADO:
Por fin un día de descanso,
Es sábado a festejar;
Pero salió, ir a comprar,
En un mercado, tan escaso;

¡Hubo qué pedalear!,
Para que rinda el dinero
Y con tanto desespero;
A penas pudo alcanzar...

Llega la noche en tranvía,
Donde vamos a comer;
¿No sé por qué, te decía?,

¡Qué eres el más grande ser!,

Que ha llegado en este día,
¡De asueto y de converger!

DOMINGO:
Llegó este día espiritual,
El domingo de ir a misa;
Donde atrapo tu sonrisa,
Con tu gesto angelical.

El día transcurre de prisa,
No da tiempo de pensar,
¿Qué cómo no, te voy amar?,
¡Si eres pasión que se atiza!

Este domingo sin par
Que termina y se engalana;
Es el contraste de estar,

Sin tu sentir soberana;
¡Qué en un solo sin cesar!,
¡Oh!, ¡terminó la semana!

Poema: Días de la semana (7 sonetos)
Autor: Atilio Rojas
Caracas, 16 de Agosto de 2018

7. LOS MESES DEL AÑO

ENERO:
Feliz año amigos míos,
Feliz año compañeros;
Está comenzando Enero
Con candor y señorío...

Para este año venidero,
Que fluye como aquel río,
Pertinaz en sus desvíos;
Como es tu amor mañanero.

Ya comienzan las labores,
En todas las latitudes,
Todo arranca de primores;

Sin grandes vicisitudes,
Y entre todos los amores,
¡Vaya el tuyo, con virtudes!...

FEBRERO:
Se va el primer mes del año
Y está entrando este mocho;
Que solo tiene veintiocho,
Sin que haya ningún engaño.

Ya llegaron los biscochos,

Sin que sea tu cumpleaños;
Es el reflejo de antaño,
Que te trae tantos trasnochos.

Ya llegan los carnavales,
Es de las cosas que espero;
No me perturban rivales,

En estos días de Febrero,
¿Por qué entre tantos canales?,
¡Siempre va, el tuyo primero!

MARZO:
Llega Marzo tan silente,
Siendo la deidad de marte;
Que nos sirve de estandarte,
Con su sol incandescente.

Se va este mes de las artes,
Primoroso y elocuente,
Que lo disfruta la gente,
En su hogar o cualquier parte.

Este clima placentero,
Que te deleita en candor;
Te expresa en tono sincero

Con tanto afán y fragor,

Que entre los sueños primeros,
¡Está surgiendo tu amor!...

ABRIL:
Ya viene la primavera,
Llega el Abril de pasión,
Que te turba el corazón
Y te consume en quimera.

Al ritmo de una canción,
Llega ese amor de la vera;
Que te lleva a ser primera,
Por tu ternura y pasión.

Entra la semana santa,
Con sus rezos candorosos,
Donde todo se levanta

Y te llena de alborozo,
Con la imagen sacrosanta
¡Del Señor, lleno de gozo!

MAYO:
Mes de la deidad suprema,
Júpiter, entra en escena
Como esplendor en la arena,
Es Mayo, la bella gema.

Es mi amor, la cosa amena

Que hacia ti navega y rema,
Y en tantas cosas extremas,
Suenan cantos de sirenas.

Las flores de tu vergel,
En estos días de mayo,
Adorna todo tu ser,

Aunque sufras de desmayo,
Yo por ti linda mujer,
Volaré hasta en papagayos...

JUNIO:
Entramos en mitad de año,
Es el mes de festejar;
Ciento ochenta días, son par
Y no tiene nada de extraño,

Que te saque a caminar
Y que no te llame a engaño;
Si sigo siendo el de antaño,
Que siempre te va adorar...

La luna marca la vía,
Donde yo te voy a ver
Y cómo bien te decía,

Que eres un sublime ser

Y por tanto vida mía,
¡En Junio, vas a volver!

JULIO:

En honor a Julio César,
Que, usando la astronomía,
Dio al calendario armonía,
¡Con los doce meses, par!

Sosígenes ([4]), le decía,
Lo que iba a representar,
Un Calendario ejemplar,
Las ventajas que traería...

Superamos la mediana,
Se sienten las reacciones;
¿Qué nos depara el mañana?

Entre versos y canciones,
Que lo disfrutes tirana,
¡Al vértigo, de emociones!

AGOSTO:

Tu nombre de emperador,

Augusto, cual indicado,
Es el mes que no ha alternado,
Que nos deja su esplendor

Con sus treinta y uno marcado,
Sus días son de candor
Y producen tal fragor;
Que nos tiene embelesado.

Transcurren las vacaciones,
El tiempo deja secuela
Y entre tantas sensaciones,

¿Qué es lo que más te desvela?,
Dejar tantas emociones
¡O regresar a la escuela!

<u>**SEPTIEMBRE:**</u>
Vienen los meses de números,
El séptimo de arrancar,
Donde vuelves a empezar,
En nueve sin desespero.

Dice la numerología,
Que eres un mes de valor,
Que nos infunde temor,
Cómo tú lo presentías.

Tu belleza soñadora,

Que te muestra tan bonita,
Son las cosas tentadoras

Que te adornan señorita,
Entre los cantos sonoros,
¡Que se van de mañanita!

OCTUBRE:
Octavo te identifica,
En la secuencia lunar,
Ese es un número par,
Que tanto te clasifica

La luna empieza a brillar
Y en su titilar no explica
O nada lo certifica,
¿Qué a Colon, lo pudo guiar?

Este es un mes tan vibrante,
Con pasajes de valor,
Que en su tono itinerante

Te va sumiendo en calor,
Que sin ser tan arrogante,
Me está quitando el valor.

NOVIEMBRE:
Es el noveno tu nombre,

Es el onceavo del año,
Es tan solo un par de escaño,
Lo que nos separan, hombre.

Se repite como antaño,
Este mes de noviembre
Y sin que nada nos asombre,
Ya, yo de nada me extraño.

El año se nos está yendo
Y un mes, es solo quimera,
De lo que estoy presintiendo

¿Qué estaré la noche entera?,
Entre brincando y corriendo,
¡Si voy cruzando tercera!

DICIEMBRE:
Décimo mes de festejo
Y el doceavo al sumar,
Es Diciembre de gozar,
Antes que te vayas lejos...

El son empieza a sonar,
Que me dejan tan perplejo,
Tan solo veo tus reflejos,
Pues, solo atino a gritar

¡Ha llegado la navidad!
Con versos tan elocuentes,

Que entre abrazos y santidad

Se va este año divergente,
Con expresiones de amistad,
¡Feliz año a los presentes!

Poema: Los meses del año (12 sonetos)
Autor: Atilio Rojas
Caracas, 28 de Agosto de 2018

8. <u>LA CAMA</u>

La cama para dormir,
Sea de piedra o de madera
Es parte de lo que esperas,
En esos días por venir.

Las hay desde cuatro patas,
Corridas y hasta colgando;
Que importa si estas soñando,
Con ese amor que te mata.

La cama cuando es redonda,
Estimula tus sentidos;
Es el placer que has vivido,
En esas noches de ronda.

Normal es que sea cuadrada,
La cama de tus derroches;
Donde tú pasas las noches,
Entre tu amor y la almohada.

Sábanas y sobrecamas
Son detalles que avizoras;
Es el ser que te enamora,
¡Lo que quieres en la cama!

Es un espacio infinito,
Donde te ves refugiado;

De estar con el ser amado
O si te encuentras solito.

No dejes apagar la flama,
Por reclamos y sus gritos,
De ese amor tan exquisito;
Que tu tanto quieres y amas

El lado que a ti te toca,
Nada importa en las primeras;
De pasar la noche entera,
¡Con alguien que te provoca!

Si es un amor extendido,
Su forma delatará;
De lo bien o tan mal que vas,
El lado que se haya hundido.

Si está hundido en las esquinas
O es el centro lo afectado;
Es que estás casi votado
O ese amor, aun te fascina.

Esas excusas primor,
Vienen por varios motivos;
La edad o ese cuento esquivo,
¡Qué ya se acabó, el amor!

Si te piden espacio ancho,
Que salgas del aposento;
Será que algo presiento,

¡Qué están saliendo, los cachos!

En la cama habrá fragor,
Si estás con quién quieres y amas;
Es lo que ese pecho clama,
¡Que se consuma el amor!

La cama aflora pasión,
De las ganas contenidas;
De ese el amor de tu vida,
Que te llena de ilusión.

En estos tiempos de ahora,
La cama no es diversión;
Hay que ver televisión,
Sino las cosas, empeoran.

Si en la cama no hay caricias,
Sino ver televisión;
Mejor cambia la canción,
Porque algo se desperdicia.

La cama sin relaciones,
Por esa tecnología;
El celular te decía,
Te arruga hasta los cojones.

Otra escusa en el placer,
Es que ahora estoy chateando
Y en las redes voy entrando,

Siempre dice, tu querer.

La cama, ya no es lo solaz,
Al entrar las redes sociales;
Uno de los peores males,
Que ha perturbado la paz.

El problema es bien complejo,
Niños, hombres y mujeres
Entran en los menesteres;
¡Que ha impactado, hasta a los viejos!

La joven duerme en pijama,
Si es con pareja, sin ropa,
La cuarentona usa poca,
La vieja, hasta se emparama.

En la cama departir,
Esos momentos sabrosos,
Más aún, si se está mozo,
Buscando sobresalir.

La cama en la luna de miel,
Es la cosa más hermosa;
Entrar allí con tu esposa,
Dónde juras, ¡ser el más fiel!

Si la cama es pequeñita,
Estas un poco apretado;
Estar con el ser amado,
¡Es la pasión que te excita!

La persona que tú más amas,
Te tiene mirando lejos;
Ya no te quedes perplejo,
¡Has qué suplique, en tu cama!

Poema: La Cama
Autor: Atilio Rojas
Caracas, 04 de marzo de 2018

9. LA PATRONA DE ARAYA

Los feligreses le cantan,

En sus fiestas patronales,
Parte de sus recitales
A la virgen de Aguasantas.

Hoy, vamos a celebrarle
A nuestra patrona santa,
A esta virgen sacrosanta
De candores celestiales.

La virgen en la procesión,
La pasean por las playas,
Esa gente que aquí se haya,
En su gran celebración.

El conglomerado ensaya,
Extasiado de pasión;
Al rezarle una oración,
A la patrona de Araya.

Nos arropa con su manto,
Linda patrona oriental;
El pueblo te va a adorar,
Al sumirse en tus encantos.

Es la virgen del lugar,
La que acompañan los santos;
Con el himno sacrosanto,
De este gran pelegrinar...

Con sus colores bien vivos,
Paseamos la virgencita,
Porque ella es la más bonita,
En estos días festivos.

Aquí estamos madrecita,
Con tus hijos adoptivos
Y los mejores motivos,
Al concurrir a tu cita.

La llevan los pescadores
A sus lugares ignotos;
Dónde tienen sus corotos
Y reposan sus primores.

De los lugares remotos,
Aparecen los oradores;
Cuál cantor de sus amores,
La veneran sus devotos.

Vienen a la procesión
La gente de otros lugares;
Guayacán y Manicuare,
Desde Tacarigua y el Rincón

Gente de diversos lares
Improvisan su canción;
Guamache y Merito son
Los que traen sus juglares.

Taguapire y la Angoleta,
Punta Araya y Chacopata
Vienen con perol y lata;
En barcos y camionetas.

La gente empieza la cata
Y la calle está repleta;
Comienza la cantaleta,
¡Dónde todo se desata!

Por las calles del Distrito,
Va la virgen más hermosa;
Adornada con las rosas
Y ¡su espíritu infinito!

Aguasantas Milagrosa,
Tus plegarias te recito;
Solo pido un milagrito,
¡Qué se resuelvan las cosas!

Poema: La Patrona de Araya
Autor: Atilio Rojas
Caracas, 19 de enero de 2019

10. ***TECNOLOGÍA DE AMOR***

Vamos a chatear querida,
Te dice tu compañero,
Por WhatsApp es lo que espero,
En la respuesta ofrecida.
Gracias a la comunicación,
Te damos la bienvenida
Y que no te de terror,
Lo que aquí tanto te expreso,
Que siempre querrás mis besos,
¡Con tecnología de Amor!

La tecnología es grandiosa,
Por Internet, es lo de ahora,
O es tik tok que te enamora
Y te hace sentir dichosa;
Que tu amor pueda llamar,
Por esas redes grandiosa
Y que puedas contestar,
Sin importar la distancia,
Pretextos o resonancia,
¡Con tecnología de amor!

Por esta tecnología,
Que tenemos de momento;

Es que expreso lo que siento
Como cosa de valía.
Por Instagram veo el candor
De tu imagen vida mía,
Dónde capto el esplendor,
Que producen tus destellos,
Tu cuerpo y tus ojos bellos
¡Con tecnología de amor!

Estar el día conectado,
A través del celular,
Es de las cosas virtual;
Para estar comunicado
Como tanto lo querías.
No importa el lado ubicado,
Lugar o la lejanía,
Siempre que busques al ser,
Que te colme de querer,
¡Con tecnología de amor!

Las cartas, ya no son escritas,
Como antes, esto se hacía,
Al amor que tú querías,

Invitarlo a cualquier cita.
Facebook es hoy el farol,
Que te pone tan cerquita,
Dónde siento hasta el calor,
Que irradian tus emociones,
Al escanear tus dimensiones,
¡Con tecnología de amor!

La tecnología de ahorita,
Nos da comunicación
Y permite la relación,
De una manera expedita.
Te veo por Skype amor
Y te aprecio tan bonita,
Al tener tan gran honor,
De estar comunicado,
Con ese APP ([5]) que has descargado,
¡Con tecnología de amor!

Poema: Tecnología de Amor...
Autor: Atilio Rojas
Caracas, 17 de julio de 2019

11. <u>NADA ES MEJOR QUE</u>

Esta expresión tan sincera, que os digo,
Repetida tanto, en muchos momentos,
Orden difícil, es lo que aquí intento,
Aunque nada es mejor, ¡qué, estar contigo!

Nada es mejor, que estar en tu lecho amor,
Más aún en los primeros días flechado;
No hay algo mejor que estar enamorado,
Si eres bien correspondido, mejor

Nada es mejor, que mitigar esa sed,
Cuando escasea el agua de beber,
Como esa miel en tus labios mujer,
¡Qué libo incesante, atrapado en tu red!

Nada es mejor, que poderse comer,
Ese manjar de tu cuerpo, preciosa
Que muestras tan altiva y voluptuosa,
A ofrenda del instinto y el querer.

Nada es mejor, que ser correspondido,
Especialmente en las cosas de amor,
Quién quiere vivir, desengaño y temor,
¡Si puede abrevar, lo qué ha apetecido!

Nada es mejor, que sonreír como un niño,

Cuando le dan el regalo que anhela,
Por su buen comportamiento en la escuela,
Que recibe con amor y cariño...

Nada es mejor, que te sientas dichosa,
En instantes fugaces de placer
Que te lleven a sentir en tu ser,
Una pasión frenética y ardorosa...

¡Nada es mejor que... estar con los amigos!,
En esos momentos de diversión,
Dónde surgen las chanzas de ocasión,
¡Cuál sublime amistad, qué tanto abrigo!

Nada es mejor que... el deber cumplido,
Así reza un adagio popular,
Cuál expresión infinita y sin par
Del amor correspondido.

Nada es mejor que, estar en el hogar,
Dónde siempre te sientes a plenitud,
Dispongas de ventura o buena salud,
Son momentos que vas a disfrutar...

Nada es mejor que... el amor en familia,
Que te llevan al disfrute sincero,
En el que surge ese amor tan señero,
Que el avatar de este amor, lo concilia...

Nada es mejor que... estar en paz con Dios,
Tranquilidad sublime y sacrosanta,
La expresión más divina que te encanta.
¡Nada es mejor, qué el gran amor, de los dos!

Poema: Nada es mejor...
Autor: Atilio Rojas
Caracas, 12 de noviembre de 2018

12. TORTURA DE AMOR

Tu amor es cómo esas cosas,
Que empalagan de momento,
Cómo la brisa en el viento,
Que da en tu cara preciosa.
Esto te causa rubor,
De una manera graciosa.
Como se irradia el color
En tú cara y ojos tan bellos,
Que al bambolear tus cabellos
¡Es mi tortura de amor!

Como no estar embriagado,
Por este amor tan silente,
Pertinaz y consecuente,
Que en mi pecho se ha clavado,
Provocando este candor
Que me tiene perturbado.
Tu imagen es un farol,
Que encandila y que destella
Y te hace ver, aún más bella...
¡Es mi tortura de amor!

Observo en la lejanía
La imagen de tu silueta,
¿Qué me hace sentir poeta?,
Al apreciar tú figura:

¡Qué belleza!, ¡qué hermosura!,
¡Qué cadencia!, ¡qué candor!
Es tu garbo la elegancia,
Ese aroma, la fragancia...
¡Es mi tortura de amor!

Mujer sublime y exquisita,
Que enciendes esta pasión,
Trémula de sensación,
Por el placer que te excita;
Generando este fragor,
Mujer de estampa bonita.
Como me causa dolor,
Esta pasión en mi pecho,
Qué me tiene tan desecho,
¡Es mi tortura de amor!

Poema: Tortura de Amor...
Autor: Atilio Rojas
Caracas, 01 de marzo de 2019

II. TERCETOS.

Estrofa constituida por tres versos de arte mayor, generalmente endecasílabos, que riman en consonancia el primero con el tercero, y el segundo queda suelto. Dentro de estos tercetos, tenemos los llamados tercetos encadenados, que es una composición constituida por una serie indefinida de tercetos, en los que el verso que queda suelto en el primero coincide con los que riman en el segundo; el que queda suelto en el segundo con los que riman en el tercero y así sucesivamente: ABA, BCB, CDC... XYX, YZYZ. ([6]) Voy a llamar a estos tercetos encadenados la rima de los pares. Tenemos dos tercetos encadenados El Deportista y El despertar

EL AGUA: El líquido vital de nuestras vidas
EL DEPORTISTA: La actividad de los deportistas
DESPERTAR: El constante y siempre amanecer
LA CULPA: Siempre es otro el culpable
LA PENÍNSULA: Un poema a la Península de Araya

13. <u>EL AGUA</u>

Vino de los confines celestiales,
Dos átomos hidrogeno y uno oxígeno,
¡Que se halla en cuatro estados naturales!

Elemento vital para la vida,
El componente básico del cuerpo,
Está presente en todas las comidas.

Cubre la superficie de la tierra,
Con los grandes océanos y mares,
Está en los ríos, montañas y sierras.

Su composición química atesora,
Las moléculas de oxígeno e hidrógeno,
Dónde surge el agua, que te enamora.

Líquido fuente de vida y placer,
De las diversas especies que existen.
¡Agua, es vida comprimida en el ser!

Es la esencia de los seres vivos,
Por eso el agua y tu amor,
¡Siempre van a estar conmigo!

Terceto: El Agua
Autor: Atilio Rojas
Caracas, 05 de abril de 2019

14. EL DEPORTISTA

Los atletas de algunas disciplinas,
Sean amateur o profesional;

Hacen de sus juegos unas rutinas

La actividad es tan experimental,
Que diseñan con el entrenador;
Para que sea, lo más excepcional

Si es amateur, solo es consolador,
Que vayas a tener satisfacciones,
Si ganas eventos de gran valor.

De ser profesional, son emociones,
Poder estar en esas carteleras,
¡Los eventos de sus presentaciones!

Terceto encadenado: El deportista
Autor: Atilio Rojas
Caracas, 04 de mayo de 2019

15. EL DESPERTAR

La obscuridad cede a la luz solar,
Que intrépida penetra con la aurora;

Es un nuevo día, que va a empezar.

Es otro despertar que nos viene ahora,
Preparo el café y te vas ir bañando;
Mientras tanto te arreglas, mi señora,

En este amanecer que va alumbrando,
Está la lucha diaria que sorteas;
De cada día que has venido preparando.

Transcurre otro día y comienzan las tareas,
Se va la noche con su obscuridad
Y viene otro despertar, cuándo flaqueas...

Terceto encadenado: EL DESPERTAR
Autor: Atilio Rojas
Caracas, 30 de septiembre de 2019

16. La Culpa

Culpable, de mis culpas, siempre es otro,
Reza así, el Viejo adagio popular,
¡Pero qué nos echemos la culpa, nosotros!

¡Es la situación, qué no puede ser!,
Yo, nunca, jamás he cometido eso;
¡Debe ser alguien, qué quiere joder!

Todos nos defendemos, por si acaso,
De cualquier cosa que salga a colación;
¿No nos vayan a agarrar, en el ocaso?;

Culpable de nuestra propia razón,
Si solo fueron gajes del oficio;
¡Defendernos, en cualquier situación!

Terceto: La Culpa
Autor: Atilio Rojas
Caracas, 28 de mayo de 2019

17. LA PENÍNSULA

¿Qué bella la Península de Araya?,
Protectora del golfo de cariaco;
Es un paisaje de hermosas playas.

La brisa fuerte y el inclemente sol,
En esos cerros de la península;
¡Va dejando un paisaje abrazador!,

Que hace contraste con ese primor,
De bellas y paradisiacas playas;
¡Dónde atravesar la bahía, es retador!

¿Qué hermoso el recorrido por el mar?,
Con un paisaje de cristalinas aguas;
¡Dónde todo es tan espectacular!

Terceto: La Península
Autor: Atilio Rojas
Caracas, 15 de abril de 2018

III. CUARTETOS:

Estrofa formada por cuatro versos de arte menor o arte mayor, de los cuales, riman el primero con el tercero y el segundo con el cuarto, o el primero con cuarto y segundo y tercero.

El cuarteto como tal, se ha usado solo, pero su uso más común ha sido en sonetos, poemas estróficos formados por dos cuartetos y dos tercetos. Tenemos otras estrofas de cuatro versos, denominadas:

a) El serventesio, es una estrofa compuesta de cuatro versos de arte mayor, generalmente endecasílabos, de rima consonante y alterna (*ABAB)*. Su nombre procede del provenzal, ya que en la lírica trovadoresca se empleaba esta estrofa para la composición satírica denominada *sirventés*. Los versos son de arte mayor con rima consonante (ABAB).
b) La Redondilla, los versos son de arte menor, con rima consonante (abba). La redondilla es una estrofa castellana que se compone de cuatro versos, normalmente octosílabos. Lo que la diferencia del cuarteto, es que los versos de la redondilla son de arte menor.
c) La Cuarteta, los versos son de arte menor, normalmente octosílabos con rima consonante (abab). La cuarteta es una estrofa castellana de cuatro versos de arte menor con rima consonante, aunque en

época moderna también se ha utilizado la rima asonante. Lo que la diferencia del serventesio es que los versos de la cuarteta son de arte menor.

d) Cuaderna Vía, si los versos son alejandrino, La cuaderna vía es el tipo de estrofa de la métrica española utilizada por el Mester de Clerecía, escuela narrativa medieval que surgió alrededor del siglo XIII y de la que Gonzalo de Berceo y Juan Ruiz, Arcipreste de Hita, fueron los primeros escritores conocidos.

Les presentamos dos (2) composiciones en cuartetos El Mar, que es un serventesio y La Comunión que es un cuarteto; los cuales se exponen de seguido:

18. EL MAR

Ese mar bravío amor, que a ti te invita
A disfrutar a placer en sus olas,
Es que el mar; sabe mujer que te excitas,
¡Al sumergirte en sus aguas, tu sola!

Penetras a ese mar, cual caracola,
Buscando juguetear y te encabritas;
Pero quedas haciendo carambolas,
¡Atrapada en esa ola, que te excita!

¿Qué envidia me produce el mar bravío?,
Al deslizarse en tu cuerpo mujer
Y ¡penetrar en lo qué tanto ansío!;
¡Sin limitación qué puedas poner!

El mar que te da caricia y placer,
Me lleva a naufragar en mis desvíos;
Al azotar con su oleaje tú ser,
¡Haciendo zozobrar, el amor mío!

Poema Serventesio: El Mar
Autor: Atilio Rojas
Caracas, 09 de mayo de 2018

19. LA COMUNIÓN

Vamos a tu comunión muy elegante,
Uno de los sacramentos más hermoso;
Un evento solemne y prestigioso,
¡Qué se presenta impactante!

La eucaristía, es un acto fastuoso,
Que se desarrolla de modo brillante;
En el cual participan los infantes,
En su primer gran ritual religioso.

Al tomar votos de su decisión,
Reciben al Creador en ese día;
En acto bautismal que los unía,
¡La catequesis es consagración!,

¡Cuál ritual, que se expresa en la homilía!,
Que es el proceso de la iniciación;
Donde el sacerdote da en comunión,
¡El sacramento de la eucaristía!

Poema Cuarteto: La Comunión
Autor: Atilio Rojas
Caracas, 26 de mayo 2018

IV. QUINTETO O QUINTILLAS:

Es la estrofa de cinco versos de arte mayor que riman de forma consonante. Cuando los versos son de arte menor (de ocho o menos sílabas cada uno de ellos) entonces se le llama quintilla. La rima es libre siempre y cuando no termine en un pareado ni se sucedan tres versos seguidos con la misma rima.

Presentamos para su deleite cinco (5) composiciones, que integran los quintetos; los cuales se muestran de seguido:

20. EL APAGÓN

El servicio de luz está fallando,
Falta de inversión y mantenimiento;
Situación que se venía anunciando,
Para que el operador lo fuera arreglando
¡Y nos evitara, este sufrimiento!

El apagón se ha generalizado,
En oriente, el centro y occidente;
Todo el país está conmocionado,
Producto del impacto que ha causado,
¡Este catastrófico, incidente!

Esta tragedia eléctrica es inédita,
Arrastró también a los militares;
Dicen que la trajo la cibernética,
Pero el gobierno en actitud frenética,
¡Está mostrando, lo peor de sus males!

¿Cómo es qué un país con tanta riqueza?,
Quedó sin nada, en tan solo un instante;
El desmadre es de tal naturaleza,
Que con diáspora y esta cruel pobreza,
¡Vendrá a ser esto, chispa o detonante!

La crisis eléctrica, es descontento,
Es todo un estado de indefección;
Es el reclamo, la queja y el lamento,
Qué den represión, por mantenimiento,
¡En lugar de evitar, el apagón!

Poema Quinteto: El Apagón
Autor: Atilio Rojas
Caracas, 10 de abril de 2019

21. LA ESCUELA

Empieza el primer periodo escolar,
Para los niños que van a ir a sus clases;
Es un momento para ellos sin par,
Al salir por primera vez del hogar,
En lo que será el soporte o su base.

Los primeros años de formación,
Lo que será la enseñanza originaria;
Dónde se adquiere toda la noción,
De la parte básica de la educación,
En el periodo que abarca primaria.

Saltamos de allí a bachillerato,
Donde la formación es más dispersa;
Destacan las materias del desiderato,
Que orientaran tu carrera en los estratos,
Dónde tendrás opciones tan diversas.

De la educación media sale la gente,
Que ingresará con toda su orfandad;
A las orientaciones del contingente,
Dónde salen los más inteligentes,
¡Que ingresarán a la universidad!

Escogida la carrera seguir,
Por todos los bachilleres seleccionados;
Unos tantos se van a inscribir,
En las profesiones de mayor porvenir,
Para estar entre todos los graduados.

Poema Quinteto: La Escuela
Autor: Atilio Rojas
Caracas, 21 de abril de 2019

22. LA JUVENTUD

Inicias la mejor etapa de tu vida,
Donde empieza el despertar de vivir,
La juventud, debut y despedida,
Atrapados en el tiempo sin salida,
Felices años de ese coexistir.

Aquí se inician los sueños más vivos,
En ese periodo que es la juventud;
De la cual eres actor y testigo,
En los momentos de mejor abrigo,
¡Dónde todo tiende a verse en magnitud!

Empiezan las hormonas a activar,
Los componentes que incita pasión;
Dónde el mundo se te va a complicar,
Allí te comienzas a enamorar
Y sentirás, que todo es sensación.

En esta bella etapa, van de los sustos,
Por los dramáticos cambios de la edad;
Dónde las hembras resaltan sus bustos,
Con detalles de sus mejores gustos
Y los varones su masculinidad.

La juventud el divino tesoro,
Dónde empiezas a tener conciencia;
Etapa que vives con tal decoro,
Que surge el sentimiento me enamoro,
¡La emoción más grata, de tu existencia!

Poema Quinteto: La Juventud
Autor: Atilio Rojas
Caracas, 01 de abril de 2018

23. LA MARCHA

Hoy vamos a la marcha ciudadanos,
A reivindicar derechos consagrados;
Con los amigos, vecinos y hermanos
Y estrechados todos de las manos,
En esos espacios en cada estado.

La situación política es riesgosa,
No se está percibiendo solución;
Debemos buscar salida a esta cosa,
Antes que se torne más peligrosa
Y nos arrastre a una confrontación.

El político que se aferra al poder,
Es típico dictador disfrazado;
Que se hace llamar, cual lucifer,
Repartiendo pan y agua de beber,
Y por sumisión, serás controlado.

Los ánimos se exaltan de momento,
En la marcha de este gran contingente;
Que en su empeño de evitar más lamentos,
El orador expone su argumento,
Esperando que emocione a su gente.

Los marchistas empiezan a caminar,
Hacia el sitio dónde está el orador,
Con consignas, pitos y cantar,
De las cosas que van a reclamar,
¡A ese qué le dicen, el dictador!

Quinteto: La Marcha
Autor: Atilio Rojas
Caracas, 01 de abril de 2019

24. LAS REDES SOCIALES

En estos tiempos de tecnología,
Destacan elementos existenciales;
Que se integran en las economías
Y a los procesos de la ecología,
¡Que se exponen en las redes sociales!

Los celulares hoy se han convertido,
En un elemento tan indispensable;
Salir sin él es un contrasentido,
Que no puedes dejarlo en el olvido,
¡Si es qué te quieres sentir, respetable!

La gente duerme con el celular,
El twitter o Facebook de momento;
Pero el WhatsApp logra comunicar,
Lo que el Instagram da por expresar,
A través de estos instrumentos.

El flujo de información del proceso,
De los mensajes u otros componentes;
Ya que es poco el uso de los impresos,
Que hasta fotos, tarjetas y sus besos,
Por la tecnología la envía, la gente.

Los componentes que activa esta acción,
Están presentes en los eventos sociales;
¡No importa qué usen para la conexión!,
Siempre logran establecer relación,
¡En los eventos comunicacionales!

Quinteto: Las Redes Sociales
Autor: Atilio Rojas
Caracas, 01 de abril de 2019

IV. SONETOS

Un soneto perfecto, vale por un largo poema, Nicolás Berlev.

Composición poética formada por catorce versos de arte mayor, generalmente endecasílabos, y rima consonante, que se distribuyen en dos cuartetos y dos tercetos.
Los Sonetos del poemario expresan apologías a relaciones de amor, belleza, añoranzas, las despedidas, la historia, el universo, recuerdos al terruño, a los padres y a la familia; así como expresiones entre hombre y mujer, la política de actualidad, como diáspora de nuestros hijos, y lo cotidiano en nuestros pueblos.

En el soneto la rima en los dos cuartetos es fija (ABBA ABBA) y en los tercetos es cambiable (CDE CED o CDC DCD) generalmente.

Presentamos para su deleite veinte (20) sonetos, que se expresan sus versos en las siguientes composiciones:

25. ANTOLOGÍA

Mujer tu fisonomía,
Es expresión, es portento;
Belleza y complemento,
Es un mar de antología.

Tu cuerpo con su armonía,
Que se balacea en el viento,
Es pasión y sentimiento;
Es tu aroma y lozanía.

Es un compendio tu ser,
Que deleita cual tonada;
¡Es florilegio el querer!

Que se expresa en tu mirada,
Es como miel de beber,
¡En tus labios, mi adorada!

Soneto: Antología
Autor: Atilio Rojas
Caracas, 26 de Marzo de 2019

26. ARAYA

Araya con sus salinas
Y sus playas tan bonitas;
Es la blancura infinita,
Que da la sal de sus minas.

Es un lugar que fascina,
Con sus aguas exquisitas
Y que a bañarte te invita,
Con su belleza marina.

Del castillo puedes ver
La hermosura de sus playas;
Extasiada de placer,

Frente a ese barco que encalla,
Con un bello atardecer,
Y el lindo ocaso, en Araya

Soneto: Araya
Autor: Atilio Rojas
Caracas, 13 de Mayo de 2019

27. BREVES

Las vivencias de ti mismo,
Que expresas a los amores;
Son de breves las mejores,
Entre tantos eufemismos.

De los grandes pensadores,
Confucio uso el aforismo,
Y Buda el paralelismo,
Estos grandes glosadores.

Máximas y greguerías
Otros breves pensamientos;
De las cosas que querías

Y de las tantas que siento,
Que en tus brazos vida mía,
¡Está el más breve, momento!

Soneto: Breves
Autor: Atilio Rojas
Caracas, 05 de abril de 2019

28. EL MARINERO

El marinero curtido,
En tantas tareas tenaz;
Con olas y viento voraz
Siempre ha sido precavido.

¿Presiento que no has salido?,
A pesar de ser tan audaz;
Todo un marinero eficaz,
Qué al mar nunca, le ha temido

Las olas están bravías,
Que cualquier barco naufraga;
¡Es con astucia y valía!

Que busca vencer el agua,
Al penetrar en la bahía;
¡Embarcado en su piragua!

Soneto: El Marinero
Autor: Atilio Rojas
Caracas, 25 de Marzo de 2019

29. EL PACIENTE

La salud es lo primero,
Que debemos atender;
Tanto el hombre o la mujer,
¡Deben poner más esmero!

Los exámenes son listas,
Para todo lo atinente;
Dónde solo eres paciente,
¡De varios especialistas!

Debe tener un seguro,
Que se cotice en divisas;
¡Si quiere evitar apuros!

Ser paciente, es la premisa,
Dónde todo es prematuro;
¡Morir, podría ser, de risa!

Soneto: El Paciente
Autor: Atilio Rojas
Caracas, 07 de Abril de 2018

30. EL RAYO

Eres rayo incandescente
Que penetra en la obscuridad,
Eres fuerza en la bastedad,
Que retumba consistente.

Eres impacto inmanente,
Que resuena en la soledad;
Eres luz   brilla y se va,
Con destello incandescente.

Eres la luz de ese rayo,
Que va delante sin freno;
Es como estar en ensayo,

Por ser tan fugaz y pleno,
Es cómo la lluvia en mayo,
¡Que se va al sonar el trueno!

Soneto: El rayo
Autor: Atilio Rojas
Caracas, 25 de Marzo de

31. “FELIZ CUMPLEAÑOS”

Alcemos la copa para brindar,
Por los tantos años que cumples ahora,
¡Son cuántas las vivencias qué atesoras!;
¡En el aniversario, a festejar!

Dios te bendiga, por lo que valoras;
Y como regalo te voy a obsequiar,
El poema que te va a emocionar,
¡De esos tan gratos recuerdos, qué añoras!

Hoy festejas, por esas circunstancias,
Con los presentes, parientes y amigos;
Como todos los años con constancia.

¡Feliz cumpleaños..., Dios es testigo!,
Que también evocas en la distancia,
¡A la familia qué no está contigo!

Soneto: Feliz Cumpleaños
Autor: Atilio Rojas
Caracas, 25 de mayo de 2019

32. Florilegio

Eres tú la antología,
De todos mis sentimientos,
Alegrías y sufrimientos,
Del amor que te tenía.

Florilegio vida mía,
Expresión de mis momentos;
Es lo que por ti, yo siento
¡Que me llena de alegría!

Como te siento primor,
Al entrelazar tus cabellos;
¡Cuál contraste del candor!

Que vislumbran tus destellos;
Con la fuerza de este amor,
¡Que atrapó, esos ojos bellos!

Soneto: Florilegio
Autor: Atilio Rojas
Caracas, 26 de marzo de 2019

33. Fragor

El lacerante fragor,
En tu pecho adolorido;
Es realidad que has tenido,
En tu vida soñador.

La forma cómo has vivido,
Te ha generado dolor
Y ha sido tanto el temor;
¡Que te encuentras afligido!

Las cicatrices en tu alma,
Te tienen tan vacilante;
¡Qué pierdes hasta la calma!

En tus mejores instantes,
Címbrate como una palma,
¡Pero siempre, hacia adelante!

Soneto: Fragor
Autor: Atilio Rojas
Caracas, 25 de Abril de 2019

34. Frugal

Tu amor es tan vacilante,
Mezquino y hasta usurero;
Es frugal, sobrio y austero,
De aspecto insignificante.

Es mi sentir anhelante,
Quererte como te quiero;
En todo este desespero
¡Que me quita lo arrogante!

Es tan poquito el amor,
Que me das a cuenta gota;
Causándome este dolor,

Que en mi pecho se alborota,
Cuándo solo das calor,
¡Frugal, qué casi ni brota!

Soneto: Frugal
Autor: Atilio Rojas
Caracas, 26 de marzo de 2019

35. Humus

El amor que tú sembraste,
Es delirio, es la armazón;
Que quedó en mi corazón,
De lo que tú cultivaste.

¡Como brota ese botón!
En esa tierra que araste;
Si tú nunca la regaste,
Al dejarme sin razón

Esa capa vegetal,
Es un buen fertilizante;
¡Que se abona en el rosal!

Del quererte trepidante,
Cómo algo fenomenal;
¡Cuál humus, oxigenante!

Soneto: Humus
Autor: Atilio Rojas
Caracas, 25 de Marzo de 2019

36. llama de amor

Tu amor es como esa llama
Que no cambia su estructura;
Que brilla en la noche obscura,
Cómo cocuyo en la palma.

Tu amor es cómo esa flama,
Que está sin sombra al brillar,
Cómo candores del alma,
Cuándo te quiero besar.

Tu amor es como el fulgor,
Que emana de tu figura;
Al encender el calor,

Que genera tu hermosura,
¡Cuál fuego ardiente mi amor!;
¡Qué me quema y me tortura!

Soneto: llama de amor
Autor: Atilio Rojas
Caracas, 25 de Mayo de 2019

37. Melancolía

Al saber de tu partida,
Aunque yo lo presentía;
Caigo en la melancolía,
Al comprobar que tú huías.

Siento la melancolía,
Anidándose en mi vida;
Si fuiste la consentida
¡Y qué yo tanto quería!

¿Por qué te vas y me dejas?,
Escapando sin razón;
¡Si no había ninguna queja!

¿De dónde la turbación?;
Es solo la moraleja,
¡Qué turba mi corazón!

Soneto: Melancolía
Autor: Atilio Rojas
Caracas, 06 de abril de 2019

38. Querencias

Estas querencias de amor,
Que te tienen conmovido;
Es por los años vividos,
¡Entre pasión y dolor!

Esos amores queridos,
Que te generan candor;
Es parte de este fragor,
¡En que te encuentras metido!

Las querencias y placeres,
Que te tienen extasiado;
Son frutos de esos amores,

Que en tu pecho se ha sembrado;
Son dejos de los primores,
¡Qué te tienen cautivado!

Soneto: Querencias
Autor: Atilio Rojas
Caracas, 25 de Marzo de 2019

39. "Nupcial"

Hoy, celebran sus nupcias, mis amigos,
En un acto solemne y primoroso,
Todo es abrumador y tan hermoso,
¡Su bello amor, es su mejor abrigo!

La Novia luce tan bella y radiante,
El Novio trepidante, espera en el altar,
A la mujer que lo ha de acompañar,
Cómo su consorte, en solo un instante.

Los Novios, familias y acompañantes,
Forman un conglomerado de invitados,
Dónde todos están tan deslumbrantes;

Novios y acompañantes bien ataviados,
Hacen coro al cura, como entonantes...
¡Que dice bese a la novia, están casados!

Soneto: "Nupcial"
Atilio Rojas
Caracas, 23 de febrero de 2019

40. Pétreas

Tu amor es como esa roca,
Pétrea en toda su estructura,
Que fraguas esa textura,
Inflexible como pocas.

Ese mineral que tocas,
Se compara a tu hermosura,
Que deviene en la ternura,
¡El amor que me provocas!

Es muro de contención,
La materia del querer,
Proceso en ebullición

Es lo que imprime tu ser,
Meteorito de ilusión,
¡Eso pareces mujer!

Soneto: Pétreas
Autor: Atilio Rojas
Caracas, 25 de Mayo de 2017

41. Preludio

Como preludio de amor,
De tu boca quiero un beso;
No yo sé, si esto es exceso,
¡Pero algo, me da valor!

Al mirarte te confieso,
Que me turba tu candor
Y una sensación de amor,
Me causa tanto embeleso.

Es exordio, vida mía,
Este amor tan trepidante;
¡Es sentir qué te quería!

Que fueras como mi amante,
¡Cómo yo lo presentía!,
¡En este preludio, anhelante!

Soneto: Preludio
Autor: Atilio Rojas
Caracas, 25 de marzo de 2019

42. Quiero Amarte Venezuela

Quiero el amor de mi gente,
Quiero vivir en mi tierra,
Quiero lo que no me aterra,
¡Quiero ser voz divergente!

Quiero que seas consecuente,
Quiero la paz no la guerra,
Quiero el verdor de la sierra,
¡Quiero tu grito valiente!

Quiero ser tu despertar,
Quiero ser tu centinela,
¡Quiero volverte adorar!

Quiero ser rastro, en tu estela,
Quiero sentirte vibrar...
¡Quiero amarte, Venezuela!

Soneto: Quiero amarte Venezuela
Autor: Atilio Rojas
Caracas, 25 de marzo de 2019

43. Tus Vivencias

Las vivencias que has tenido,
Han marcado tu existencia;
Que es parte de tu conciencia,
Por esos años vividos.

Son tantas las vivencias,
Que narrarlas no has podido;
Que hoy te sientes compungido,
Por tan larga experiencia.

Las vivencias de la vida,
Se expresan cómo uno quiera;
Para algunos divertidas,

A otros les causa quimera,
Por ellas ser tan sentidas,
¡La expresas, a tu manera!

Soneto: Tus Vivencias
Autor: Atilio Rojas
Caracas, 25 de Marzo de 2019

44. Voraz

Cómo la fuerza del viento
Y las ansias desmedidas;
Tú te has quedado metida,
¡Como el suspiro, qué aliento!

La instintiva voracidad,
Que expresan tus sentimientos;
Se refleja en los momentos,
¡De tu voraz intensidad!

¡Es toda una exhalación!,
Que ha recorrido mi pecho;
¡Esta fugaz ilusión!

De tenerte aquí en el lecho,
Al sentir la exclamación,
¡Amor voraz, qué te has hecho!

Soneto: Voraz
Autor: Atilio Rojas
Caracas, 25 de Marzo de 2019

V. ROMANCES:

Composición poética constituida por una serie indefinida de versos, generalmente octosílabos, aunque aquí los vamos a combinar con endecasílabos, que riman en asonante los pares y quedan sueltos los impares:

45. EL DESACATO

Desconocen el poder soberano,
Apelan a trampas y actos de cohecho;
Con el cuento falaz del desacato.
Vulneran el Estado de Derecho.

La medida aplicada al parlamento,
Nos luce tan inconstitucional;
Que es una vulgar manipulación,
Que ni si quiera es delito penal.

No acatar, esa decisión del pueblo,
Si parece un vil desacato ignoto;
Que se ha inventado el régimen en curso,
Ante esa gran avalancha de votos.

Dejar sin representación al pueblo,
Eso no es posible en la democracia;
Desconocer el acto electoral,
Sería un golpe de estado en flagrancia.

El poder judicial será imparcial,
Militares en la constitución;
Lo cual es su responsabilidad,
No hacerlo es estado de conmoción

Toda autoridad está en entredicho,
La manipulación los compromete;
El desacato viene a ser su desliz,
Por eso es que al pueblo, se le somete.

La sociedad mundial conmocionada,
Por cometerse fraude electoral;
Al desconocer el voto del pueblo,
Expresado en el acto comicial

El manejo dispendioso de fondos,
Con la venia de las autoridades;
Ha configurado todo un festín,
Que ha provocado estas atrocidades.

En el poder crearon un apartheid,
Tratan de tener control de la gente;
Designan tribunal y presidente
Y se hicieron una constituyente.

Quién puede acatar una decisión,
Solo aquellos sujetos con voluntad
Y como pueden limitar al pueblo;
Si nadie les ha dado tal facultad.

El llamado desacato, es estafa,
Bien montada contra ese soberano;
Para seguir usurpando el poder
Y defender intereses insanos.

Las inmensas fortunas disponibles,
Permitió que mafias enmascaradas,
Corrompieran, compraran y robaran;
¡Amparados en tantos camaradas!

Han sometido al pueblo al ostracismo,
Por las ansias de riqueza y poder;
Cuentos ideológicos y religiosos,
¡Es el maremagno qué puedes ver!

El estado somos los ciudadanos,
No es un grupo político insurgente;
Es el bravo pueblo en sus decisiones,
¡Que se expresa y grita, desobediente!

Romance: El Desacato
Autor: Atilio Rojas
Caracas, 22 de diciembre de 2016

46. CANTO A ARAYA

Le canto al pueblo de Araya,
Al visitar sus salinas;
Con improvisados versos,
Sobre el castillo y sus ruinas.

Cuando despunta la aurora,
En Araya se oye el canto;
De todos los trovadores
Y cultores de su encanto.

A este pueblo tan bonito,
Que tiene tanta atracción;
Los invito a visitar,
En su mejor ocasión.

A la zona vas por tierra,
De paseo por las playas,
O cruzando la bahía;
En los Barcos para Araya.

Ir a bañarse al castillo,
Es la visita obligada;
Del que visite a este pueblo,
En sus días de temporada.

El turista que va a Araya,
Lo recibe nuestra gente;
En las posadas y bares,
Con su trago de aguardiente.

Las salinas y sus playas,
Son sitios muy atractivos;
Que le dan al visitante,
Lo mejor de sus motivos.

El reflejo de sus salinas,
Es un candor de hermosura;
Ante el brillo incandescente,
Que produce su blancura.

El castillo es vigilante
De la producción de sal;
Es testigo silencioso
De las bregas del lugar

Araya en su recorrido,
Tiene playas tan hermosas
Y la atracción de la bahía;
Con sus aguas procelosas.

Esas playas paradisíacas,
De brillo espectacular;
Con sus aguas cristalinas,
De una belleza sin par.

La placidez de sus aguas,
Es toda una invitación;
A disfrutar de ese mar,
Delicioso y sabrosón.

Araya es lar de poetas
Y playas que dan placeres;
Con salinas naturales,
Refugios de mis quereres

Araya no es solo sal,
Es el mar y sus estrellas;
Con las playas más hermosas
Y las mujeres más bellas.

Romance: Canto a Araya
Autor: Atilio Rojas
Caracas, 14 de mayo de 2019

47. PUEBLOS DE LA PENÍNSULA

La gente de la península
Tienen un trato cordial;
Siempre atentas y sonrientes,
Es su modo de expresar

Si visitas esta tierra
Y paseas por las playas;
Disfruta de los lugares
De la península de Araya.

Están los pueblos del norte
Que dan hacia Margarita;
Son pueblos de pescadores,
Que adoran su virgencita.

El Guamache, Chacopata,
Guayacán y los Cachicatos,
Taguapire y Caimancito,
Dónde se pasa un buen rato.

Ellos vigilan las islas
De Margarita, Cubagua,
Y Coche; cual centinela,
Sempiterno de sus aguas.

Los pueblos que dan al golfo,
Que conforman este lar;
Es vista de Cumaná,
A los pueblos del lugar.

Manicuare, Punta Arena,
Las Lagunas, Puerto Real,
Es Merito, la Angoleta,
Tacarigua y Salazar,

Son los pueblos vigilantes,
De las aguas de la bahía;
En el golfo de Cariaco,
Al cruzar la travesía.

Si vas para las salinas,
Hacia los pueblos de Araya;
Encontrarás muchos sitios,
Con bellas y hermosas playas.

El Rincón y Punta Araya,
Hasta Punta Colorada,
Tiene playas de atracción,
En sus bellas ensenadas.

Araya con sus salinas,
Es espectáculo hermoso;
Con sus pellotes de sal,
De tonos tan candorosos.

Ese castillo de Araya,
Es un atractivo histórico;
Dónde el tiempo dejo ruinas,
¡Es todo un cuadro pictórico!

Bellas playas y ensenadas
De toque espectacular;
Con sus aguas cristalinas,
En las orillas del mar.

A la población de Araya,
Como a toda la Nación;
Aquí van los bellos versos,
¡Que colman mi inspiración!

Romance: Pueblo Peninsular
Autor: Atilio Rojas
Caracas, 29 de septiembre de 2019

48. LAS MUSAS DE LA MITOLOGÍA GRIEGA

Las Musas del Arte Griego,
Deidades de antología;
Hijas del Dios del Olimpo,
El Zeus, en mitología.

De estas Musas celestiales,
Estos son sus nueve nombres;
Todas deidades divinas,
¡Sin qué nada, los asombre!:

Calíope,
La Musa de la elocuencia,
Deidad de la apología;
Coronada de laureles,
Diosa de la poesía.

Clío,
La Musa que hace la historia,
Es el arte en pergamino;
Es un libro o un estilete,
Lo que traza su camino.

Erato,
La Musa del arte lírico,
Representada en la lira,
Viola o la imagen del cisne,
Que en sus elegías, admiras.

Euterpe,
Es la Musa de la música,
Representada en la flauta;
Que expresa la sonoridad,
Cuando se marca la pauta

Melpómene,
La Musa de la tragedia,
Que viene a representar;
En esa trágica máscara,
Dónde se quiere ocultar

Polimnia,
La Musa de la retórica,
La expresión del gesto serio;
El órgano, es su instrumento,
Cuál creadora, del misterio.

Talía,
Es la Musa comediante,
La máscara es su estandarte;
Ella es parte de la música,
Representante del arte.

Terpsícore,
Es la Musa de la danza,
Del vaivén que se recuerda;
Es el eco de la música,
Con Instrumentos de cuerdas.

Urania,
Musa de cuerpos celestes,
Que forman la astronomía;
Con su compás y la estrella,
Manejan la astrología.

Platón narró sus virtudes,
Y su poder secular;
Inspiradoras del arte,
¡Nadie las puede igualar!

Romance: Las Musas de la Mitología Griega
Autor: Atilio Rojas
Caracas, 14 de julio de 2019

49. AMÉRICA

El nuevo mundo es **América**;
Es la tierra de esperanza;
Donde converge la gente,
En pos, de sus añoranzas.

Los Océanos de **América**,
Nos unen en los destinos;
El Pacífico, el Atlántico
Y el Ártico, en el camino.

Catorce mares internos,
Bering, *Cortés*, Labrador,
El Caribe, Los Sargazos
Y otros del mismo tenor.

Los grandes Ríos de **América**
Amazonas, Orinoco,
El Misisipi, Misuri,
El Yukón, Río Plata y otros

Las grandes islas de **América**
Groenlandia es de soñar
Baffin, Hawái y Vancouver
Más el Caribe sin par…

A estas maravillas se unen,
El Salto Ángel, Machu Pichu,
Chichen Itzá, Gran Cañón,
Cataratas de Iguazú.

La Estatua de la Libertad,
Cataratas del Niagara,
Líneas de Nazca, Amazonía,
Cristo Redentor y Alaska.

Los Grandes Lagos de **América,**
El Titicaca, el Ontario,
Nicaragua, Erie, Michigan
Superior y Maracaibo…

Las tres Regiones de **América**
Son terruño de libertad;
El Norte marca la pauta,
El Centro y Sur, diversidad

La gran **América del Norte**,
Con sus grandes extensiones,
Canadá, Estados Unidos,
México, son sus regiones.

Son países desarrollados,
De gran influencia mundial;
Que aportan tecnología,
En la carrera espacial.

América Central, Belice
El Salvador, Guatemala,
Nicaragua, Costa Rica,
Honduras y Panamá.

En la **América del Sur**
Está Argentina, Paraguay
Chile, Colombia, Brasil
Bolivia, Ecuador, Uruguay

Perú, Guyana, Surinam,
Venezuela en tierra firme,
A estos países se suman,
Bellas islas del caribe

Santo Domingo y Haití,
Puerto Rico, Granada, Aruba,
San Martín y Sint Maarten
Antigua y Barbuda y Cuba

Dominica y Guadalupe
Con Trinidad y Tobago
Jamaica, Curazao y Bonaire
Con las Bahamas y Barbados.

Ocho ([7]) idiomas, son sus lenguas,
Inglés, Español, francés,
Quechua, Aimara, Guaraní.
Neerlandés y portugués.

Nuestra historia es fascinante,
Antes del avistamiento;
Coexistían otras culturas,
¡Hoy somos su acoplamiento!

América es mundo de paz,
Con armonía en sus regiones,
Donde todavía coexisten
Grandes civilizaciones.

América es la nativa,
Asiática y de Oriente,
Es la de estirpe Europea,
Es el África convergente.

Sus bellezas naturales,
El mestizaje en sus seres,
Sus valores libertarios
¡Y el candor de sus mujeres!

Este crisol de hermosura,
Es la **América** soberana,
Que se integra en una sola,
¡Como tres grandes hermanas!

Que belleza es nuestra **América**,
Con su trazo ecuatorial,
Es un solo continente,
Con música angelical.

América, es la libertad,
De sus próceres la cuna;
De viajes intergalácticos,
¡Es la qué llegó a la Luna!

Romance: Poema América.
Autor: Atilio Rojas
Caracas, 30 de octubre de 2019

V. COPLAS:

Composición poética de cuatro versos de arte menor, generalmente con rima asonante en los versos pares y sin rima en los impares, que está destinada a ser cantada.

En la Copla, los versos son octosílabos con rima asonante (a- a). La copla es una forma poética que sirve para la letra de canciones populares. Su nombre proviene de la voz latina copula ("enlace"). Las coplas de arte menor, se pueden dividir en: cuarteta de romance, seguidilla y redondilla. Cuarteta de romance: el primero y el tercero libres, y el segundo y cuarto con rima asonante. Redondilla: con el primero y el cuarto que riman entre sí, y el segundo y el tercero, rimando entre sí.

En la Seguidilla, si los versos son heptasílabos alternados con pentasílabos con rima asonante (abab). La seguidilla es una estrofa de arte menor formada por cuatro versos: los impares heptasílabos y libres, y los pares pentasílabos con rima asonante.

10.1. Copla castellana: Ocho versos octosílabos divididos en dos grupos de cuatro, en cada uno de los cuales riman el primero con el cuarto y el segundo con el tercero.

10.2. En la Copla de arte mayor: Ocho versos dodecasílabos que riman el primero con el cuarto, quinto y octavo, y el segundo con el tercero, sexto y séptimo

10.3. En la Copla de pie quebrado: Copla en la que alternan versos de pie quebrado con otros más largos.

10.4. En la Copla real: Diez versos octosílabos divididos en dos quintillas o en dos grupos de cuatro y seis versos.

En las composiciones en coplas van estos versos:

50. EL DESAMOR

Por culpa del desamor,
Hoy me siento abandonado;
Con tristeza y con dolor,
Porque tu amor me ha dejado

Tus desaires me torturan,
Mi linda y bien amada;
¿Por qué me das amargura?
Si eras mi enamorada.

Ese ser, que yo más quiero
Ya no me quiere ni ver;
Es un amor traicionero,
¡Que me dejo de querer!

Este amor adolorido,
Que hoy siente la soledad;
Es el que más te ha querido,
¡A pesar de tu maldad!

Quiero cantarte primor,
Aunque se de tu inclemencia;
Coplas llenas de candor,
Reflejo de mi insistencia.

Voy a expresarte una cosa,
A pesar de que es en vano;
Que te seguiré preciosa,
Al confín de lo lejano

Tú rompes mi corazón,
Al escapar de mi lado;
Me dejas sin ilusión,
Triste y todo destrozado

Este amor se marchitó,
Ante tanto desamor;
Porque nada te importó,
¡Ni mis quejas, ni clamor!

Las lágrimas derramadas,
Que de mis ojos salieron;
Por la mujer descarnada,
¡Que nada, la detuvieron!

El tiempo lo cura todo,
Las cicatrices del alma;
¡No importa cuál es el modo!,
¡Qué hayas perdido la calma!

Tu amor lo adorne con flor,
Con dulces y golosinas;
¿Por qué me dejas dolor?
Y me entierras tus espinas

De ese amor no queda nada,
Ni recuerdos de valía;
¿No sé por qué la tonada?,
¡Si tú no lo merecías!

Tu amor es solo una estela,
Como trazos en el mar;
De él no queda secuela,
¡Ni se cómo te pude amar!

Ya no hay nada que me inspire,
Ahora que tú te ausentas;
Eres la brizna en el aire
¡Que ya nada la sustenta!

Copla: El desamor
Autor: Atilio Rojas
Caracas, 30 de junio de 2019

51. EL CELULAR

Al irte a comunicar
Usa la tecnología;
Pégate del celular,
Para estar en sintonía.

Es un instrumento raro,
Su diversidad aprecio;
Hay baratos y muy caros
En el mercado sus precios.

En la comunicación,
Se ha perdido hasta el contacto;
Ya no existe relación,
Se dejó de usar el tacto.

Los jóvenes en pareja,
Los llevan en su regazo;
Muy cerquita de la oreja,
Ya no se dan los abrazos.

Las viejas si se lo pegan,
Para poder escuchar;
Buscando a ver si llegan
Y se pueden comunicar

Las muchachas no lo sueltan,
Siempre está entre sus manos;
¡No importa cuál sea la vuelta!
¡Si es muy grande o tan enano!

El hombre lo tiene encima,
Porque siempre está la urgencia;
A veces mejora el clima,
Pero surge la emergencia.

El celular tiene el sitial,
Los usuarios sus marañas,
Su uso es tan confidencial,
¡Qué hasta en tu cara te engañan!

Instrumento necesario,
Que siempre cargas contigo;
Es parte de tu ideario,
Parece el mejor amigo.

Tu imagen se visualiza,
Si te quieres descubrir
Y muéstrate como quieras;
Si te quieres divertir

El celular es amante,
Es como el amor platónico;
Está en todos los instantes,
Es el placer más armónico.

¡Es una forma de escape!,
Que se viene utilizando;
¡En todo este derrape!,
De estarse comunicando

Las claves van encriptadas
Y no podrán acceder;
Es la parte programada,
¡Del control que hay que tener!

El internet es la vía,
Que abre la ruta hacia ti;
Es parte de la tecnología,
¡Qué me tiene en frenesí!

El wifi es la solución,
De lo que quieres armar,
¿Préstale mucha atención?,
¡Al uso del celular!

Copla: El celular
Autor: Atilio Rojas
Caracas, 25 de mayo de 2019

52. LA REGIÓN ORIENTAL

En mi patria Venezuela,
En la Región del Oriente;
Está la más bella zona
De todo este continente.

Las aguas del Mar Caribe
Y los imponentes ríos;
Bañan toda la Región,
Riberas y sembradíos.

Cinco estados la componen,
Tres de ellos costaneros,
Dos forman sus planicies,
La majestad del sendero.

El Estado Anzoátegui,
Donde empieza la Región;
Su capital Barcelona,
Con sus sitios de atracción

Puerto la Cruz y las playas,
Son atractivos hermosos;
Con sus ríos y sabanas,
Son sitios maravillosos

Es el Estado Monagas,
Su capital Maturín;
Y los pinos de Uverito,
Son arboles del confín.

Esta zona petrolera,
Tiene grandes extensiones;
Una buena agricultura,
Ríos y sus diversiones.

Su Estado Delta Amacuro,
Con su capital Tucupita;
Bañado por el Orinoco,
Es de las cosas bonita
En su población indígena,
Esta nuestro gentilicio;
Emblema de los ancestros,
Que hicieron su sacrificio

Si vas al Estado Sucre,
Cumaná es su capital;
Carúpano es otra ciudad,
Con sus playas al natural

Es Sucre con sus penínsulas,
Las que protegen las playas;
La Península de Paria
Y las Salinas de Araya.

Vamos hasta Nueva Esparta,
Islas de Cubagua y Coche;
Con sus playas preciosas,
Configuran un derroche.

En la Isla de Margarita,
La Restinga y Pampatar,
Con su Virgen del Valle
Y las bellezas del lugar

Que recorrido tan bello,
Es pasearse por Oriente;
Disfrutar de su música
Y su mejor aguardiente.

A las delicias del mar
Y la belleza de sus mujeres;
Se le suma su música
Y sus sitios de placeres.

Lugares paradisíacos,
Playas espectaculares;
Con sus islas y ensenadas
Colmada de sus manglares

A este paraíso precioso,
De sitios tan convergentes;
Se unen a la gran historia,
Los personajes de Oriente.

Galerón, jota o fulía,
Estribillo musical;
Es parte de nuestra música,
En la Región Oriental.

Copla: La Región Oriental
Autor: Atilio Rojas
Caracas, 30 de junio de 2019

VIII. BIOGRAFÍA ATILIO ROJAS (AUTOR)

Atilio de los Santos, Rojas, nació el 19 de abril 1.946, en Araya, Estado Sucre, Venezuela.
Estudios: Primaria en el Colegio Cruz Salmerón Acosta de Araya; Secundaria en el Modesto Silva de Cumaná y Universitaria: Central de Venezuela UCV, Administración y Estudios de Derecho, Universidad Santa María.

En su dilata trayectoria en el medio financiero, desempeñó cargos importantes, entre ellos: Jefe de Inspección en la Superintendencia de Bancos, donde hizo carrera desde su época de estudiante, Directivo, Vicepresidente Ejecutivo, Secretario de Junta Directiva y Vicepresidente de Negocios, Mercadeo, Operaciones, Fideicomiso en la Banca. Directivo: Casas de Bolsa; Arrendadoras y Casas de Cambio. Proyectos para constituir Bancos, Empresas de Seguros, Casas de Bolsa, Cajas de Ahorro, Cooperativas y Empresas Financieras y Evaluaciones de proyectos; así como consultor, escritor y autoría en desarrollo de software, especialmente de Fideicomiso, donde es toda una autoridad en teoría y praxis, por sus grandes obras y software desarrollados.

Autor de los Libros:

1) El Fideicomiso 1981
2) La Organización Fiduciaria 1983
3) Los Fondos del Mercado Monetario 1986
4) Coparticipe en la Enciclopedia Jurídica OPUS
5) El Fideicomiso, Fiducia o Trust en América 2008 y Actualizado y ampliado en año 2017
6) Poemario, denominado Evocación 2.017
7) Autor de este Poemario, denominado "Grandes Amores"
8) Otras publicaciones y cuentos

Autoría de Software:

1) Fideicomiso (FIDUCIA 2000)
2) Cajas y Fondos de Ahorros (Caja 2000 Web)
3) Cooperativas 2000 Web
4) Banca 2000 web
5) Empresas de Seguros 2000 web
6) Software Empresarial
7) Fondos Administrados, entre otros

IX. NOTAS Y CITAS EN EL POEMARIO

1) **Miguel de Cervantes Saavedra**, novelista, poeta, dramaturgo y soldado español, nació el 29 de septiembre de 1547, en Alcalá de Henares y fallece en Madrid, España, el 22 de Abril de 1616.
2) **Elio Antonio Martínez de Cala y Jarana** (Lebrija, 1441 y Alcalá de Henares 1.522), más conocido como Elio Antonio de Nebrija, fue un humanista español, autor de la primera gramática castellana en 1492, de un diccionario latín-español ese mismo año y de otro español-latín hacia 1494, Fue, además, historiador, pedagogo, gramático y poeta.
3) **Andrés Bello**, fue polímata, humanista, pedagogo, gramático, traductor, ensayista, filólogo, diplomático y poeta de América, nació en Caracas el 29 de noviembre de 1.781 y murió en Chile el 15 de octubre de 1.865.
4) **Sosígenes de Alejandría**, astrónomo y filósofo, sugirió al Emperador Julio Cesar el establecimiento del calendario juliano, en el año 46 AC, escribió tratados de astronomía donde anunciaba la rotación de mercurio alrededor del sol.
5) **El término app** es una abreviatura de la palabra en inglés *application*. Es decir,

una app es un programa. Pero con unas características especiales... Se refieren sobre todo a aplicaciones destinadas a *tablets* (como el iPad o equipos Android) o a teléfonos del tipo *smartphone* (como el iPhone o equipos Android). WhatsApp, Instagram y Facebook son aplicaciones propiedad de Facebook Inc., TikToK es una aplicación propiedad de ByteDance y Skype es una aplicación propiedad de Microsoft Inc.

6) Cita Wikipedia
7) **Groenlandia**, la segunda isla más grande del mundo, aunque está en América, su relación es con Europa, pertenece al Gobierno Danés y su idioma es groenlandés (*kalaallisut*).

Poemario: GRANDES AMORES

Año 2020

Atilio de los Santos Rojas

+58-4142465901/4168032975/212-6149236

atiliorojas2000@gmail.com

Obra Publicada, En Caracas, a finales del mes de marzo del año 2020

www.ingramcontent.com/pod-product-compliance
Lightning Source LLC
Chambersburg PA
CBHW030652220526
45463CB00005B/1737

* 9 7 9 8 6 3 0 3 4 4 7 8 6 *